AF199721

Oliver Bruns

Aus gutem Grund

Gedichte und Texte

Fotos: Melanie Diekmann, Oldenburg (Danke schön!)

Bibliografische Information der Deutschen Nationalbibliothek: Die
Deutsche Nationalbibliothek verzeichnet diese Publikation in der
Deutschen Nationalbibliografie; detaillierte bibliografische Daten sind im
Internet über http://dnb.dnb.de abrufbar

Herstellung und Verlag:
BoD – Books on Demand

ISBN: 9-783748-182566

Inhalt

Manches

Manches hat die Kraft
Manches kommt durch die Hintertür
Manches fragt: wofür?
Manches schleicht sich ran
Manches springt Dich an
Manches ist stumpf
Manches elegant
Manches erst beim zweiten lesen
Manches wird auch überlesen
Manches ist kurios
Manches ist strapaziös
Manches sieht gelogen aus
Manches kommt stumpf daher
Manches auch inhaltsleer
Manches weil Hoffnung keimt
Manches nur, weil es sich reimt
Manches erklärt mein Scheitern
Manches erklärt mein Altern
Manches wirkt wie hingerotzt
Manches ist etwas aufgemotzt
Manches ist klug
Manches ist Betrug

Letzte Haut

Ein Stammplatz in der Wartehalle
Gestank nach kaltem Rauch
ich hasste es wie Galle
Doch Du holst mich hier raus

Drinks umsonst und schauen was geht
Halbhohe Sätze getarnt als Int´resse
Nur jemand, der vor dem Morgen geht
Zeig du mir wo die Sonne steht.

Geh mir unter meine letzte Haut
sei für mich da
Geh mir unter meine letzte Haut
sei ganz besonders nah

Angesichts der gesamten Lage
stellt sich doch nur eine Frage
wofür der ganze Vorspann bis heute
die Sekunden, die ich bereute

Vögel singen goldene Lieder
Gedanken an Dich immer und wieder
Ein Gefühl wie sprudelnder Rausch
Alles was ich hab ein süffiger Tausch

Geh mir unter meine letzte Haut
sei für mich da
Geh mir unter meine letzte Haut
sei ganz besonders nah

Wozu das Ganze
wenn Du es nicht bist
Wozu das Ganze
was in mir frisst

Geh mir unter meine letzte Haut
sei für mich da
Geh mir unter meine letzte Haut
sei ganz besonders nah

Ahnung

Du bist wie die erste Frühlingsluft
Du bist wie Rosenduft
Mit Dir ist nur noch Sonnenlicht.
Nacht und Dunkel gibt es nicht.

Du wärmst wie loderndes Feuer.
Du erfrischt wie Morgentau.
Mit Dir hebt sich der Nebel,
es wird strahlend, was einstmals grau.

> Mit Dir ahne ich was Gott meinte,
> als er die Liebe erfand.
> Ist das Leben stürmische See
> bist Du das rettende Land!

Dank an die Flut, die Dich an meine Küste
spülte.
Ein Hoch dem Engel, der Dich sandte.
Du tust so gut.

Du bist grandios.
Mach unsere Leinen los !

Mit Dir ahne ich was Gott meinte,
als er die Liebe erfand.
Ist das Leben stürmische See
bist Du das rettende Land !

Saurer Regen

Alles gesetzt
und mehr als die Hälfte verloren
Steine im Rucksack
manche unausgegoren

Ich hab´s so stehen lassen
hab nichts dazu gesagt
schon gar nicht zugehört
auf ganzer Linie versagt

Ein kleines Wort
wie ein sanfter Kuss
zur rechten Zeit
hätte Beben ausgelöst.

Ich wusste nicht,
dass ich wollte
Ich dachte
es sei ein Muss

Ein Kreiselkompass
hinter meiner Stirn
verwechselte ständig
Herz und Hirn

Ein Nebenausgang
aus dem Labyrinth
niemand wusste
wo wir eigentlich sind.

Ich wollte große Bilder malen
in den allerschönsten Farben
viel zu spät wurde mir klar
wie farbenblind ich war

Mitten auf der Strasse
fiel plötzlich saurer Regen
kein Ton kein Wort kein Kuss
Das Wasser auf der Strasse
voll mit unserem Leben
Es rinselte zum Abfluss.

Aus den Augen
wie ein verlorener Luftballon.
Scheue Blicke hinterher
es regnete nicht mehr

Quellcode Gottes

Unbekannte Pläne
vielleicht nur Sägespäne
Eine einzige große
Big-Brother-Show
reißende Flüsse
und glühende Auen
miserabel gewürfelt
ein gigantischer
Durchfall himmlischer Planung
Leidenschaft ist eine Lüge
Hemmungslos das Gottesspiel
Es gibt keinen Plan
bestenfalls ein Spielfeld
wo kein Versprechen
ist auch keiner der es hält
ein gellendes Pfeifkonzert
bei jedem Spielversuch
Mann und Frau
keiner kennt den
Quellcode Gottes
so genau.
Die Frage ist
ob etwas ohne Grund
geschieht
gibt es auf der Weltenbahn
einen echten Gottesplan?
Das Schwert in der Scheide
wieso reimt sich Lust
auf Frust.

Vielleicht eine Liebe
die gar keiner will

Stelle sich einer vor,
dass es gelänge
am Ende des Weges zufrieden zu sein

Das Du findest, was Du suchst

Das Du findest, was Du suchst
nie geschieht, was Du verfluchst

Wenn der Horizont vergilbt
nimm die kräftigsten Farben
und mal Dir einen neuen
an dem Dein Herz kann laben

Wo das Herz am meisten schlägt
da lass Dich nieder
traurig bleibt, wer nur abwägt
singe Deine Lieder.

Live ist besser als Konserve
komm raus aus der Reserve
nur wer sich verbrennen kann
bleibt am wahren Leben dran
Der Verstand ist gut,
das Herz sieht aber besser.
Niemals fehle Dir der Mut.
scheuen brauchst Du keine Glut.

Das Wunder

Wenn die Sonne scheint
und Gott mal nicht weint
dann sitzt er da
auf seinem Thron
und irgendwo ist auch sein Sohn
schaut hinab
Wolken sind ja keine da
und denkt so bei sich
das ist ja wohl nicht wahr.
Wie könnt ihr glauben
es sei des Teufels
es drohe Höllengericht
horcht in euch rein
spürt ihr's denn nicht?
Ich hab's euch geschenkt.
Das alles wird von euch
in falsche Moral getränkt.
Damit ihr vom Schönen abgelenkt,
an was anderes denkt.
Habt keine Angst,
ihr dürft euch nahe sein.
Ob ihr nun liebt
oder auch nur begehrt:
vorm jüngsten Gericht
bleibt ihr unversehrt.
Das Gerede von der Sünde
kommt nicht von mir.
Woher habt ihr das bloß?
Macht euch nicht klein,
das leben ist schön und groß.
Wer sagt, das sei Sünde

wer predigt den Verzicht
ist nicht von mir
der führt euch hinters Licht.
Nur eines muss ich sagen:
nutzt euch nicht aus.
Achtet einander.
Nur so erlebt ihr das Wunder.
Nur so erlebt ihr das Wunder.

Die Tollwut ist aus Deutschland verschwunden.

Schade eigentlich.
Ich hatte mir gerade ausgemalt,
wie es sein würde,
wenn ein Rudel Wölfe,
sämtlichst infiziert
um das Berliner Abgeordnetenhaus
herumschleichen würde.
Und jeden Parlamentarier,
der rauskommt einmal kräftig in die Waden
beißt.
Und wenig später hätten
die gebissenen verzehrte Antlitze
und reichlich Schaum vor dem Mund.
Das hätte ja was von einem Charakterzug.
Anders ist das in die Jungs
ja wohl nicht rein zu bekommen.

Der Brief

Es lag ein Brief
vor der Tür
ich hob ihn auf
er war von ihr

sie schreibt
es geht nicht mehr
es ist zu lange her
es wird nicht mehr

sie schreibt
es ist zu lange her
das ich es war
derjenige wer

sie schreibt
ein kleines, leises
Dankeschön und
auf Wiedersehn

sie schreibt
von uns und all den
Gewittern und alles
mit leichtem Zittern

sie schreibt
das sie es nicht wollte
das alles mal
so kommen sollte

sie schreibt
sie ringt nach
Atemluft und das
jetzt etwas andres ruft

Es lag ein Brief
vor der Tür
ich hob ihn auf
er war von ihr.

Regisseur

Nun öffne deine Beine
dein Tor zur Welt.
Hör jetzt mal zu
ich sage jetzt was zählt

Schau mich an, sieh nicht weg
streich deine Schenkel
nimm jetzt beide Hände
genau da beim kleinen Leberfleck

Du bist geschmückt wie ein Christbaum
reich mir deine Geschenke
tu jetzt was ich sage
tu jetzt was ich denke

streich über deine Brüste
spiel mit deiner Scham
ich muss alles sehen
meine Phantasie ist zu arm

Es kann noch was werden
wenn du so weiter machst
mein Wille geschehe
ist mir egal ob du lachst.

Stein im Wasser

Du tust
was Du tust
hier stellst du auf
da fällt es um

Ein Wellenring
auf dem Du reitest.
Ein Samenkorn
aus Versehen
im Boden
verlässlich zur
Sonne strebt.

Lautloses gehen
ist ein Gerücht
Ein Geheimnis
ist ein Gerücht
gestern und in
hundert Jahren

Es fällt ein Stein ins Wasser
Wellen schäumen über
Gräser wogen am Ufer
und der Vogel fliegt

Weder spurlos
noch konturlos
Was du dir ausgedacht
wird so nie gemacht

Hier angestoßen
am anderen Ende runter.
Völlig egal ob drüber
oder drunter
unter der Decke
wo all das liegt
was keiner sehen soll.

Du bist nicht allein
die holt dich ein
die Welle vom
Stein im Wasser

Zwei Herzen

Der Zug fährt ab du sitzt da drin.
Ich steht am Gleis schau zu dir hin.
Jetzt bist du fort und aus dieser Stadt
wird ein kühlerer Ort, farblos und matt.

Es war ja nicht nur eine schöne Nacht.
Es war dies Gefühl das mit aller Macht
aus uns zwei beiden Eins gemacht.
Bezaubernder, als ich es mir je erdacht.

Ich könnte das alles verschmerzen
doch wünschte ich in meiner Brust
den Platz für zwei Herzen

Du schenktest mir deine Zärtlichkeit,
deine Liebe und Geborgenheit.
Im Schönen liegt der Keim der
Grausamkeit.
Der Traum ist aus. Eine Abscheulichkeit.

Ich trau mich nicht, zu dir zu gehen.
Du bist dir zu schade, das kann ich gut
versteh'n.
Ich weiß noch nicht, wie soll es
weitergeh'n.
Ich wünschte mir, wir können uns
wiederseh'n.

Es tut so weh, Gefühle auszumerzen
ich wünschte mir in meiner Brust
den Platz für zwei Herzen

Die Tür fällt hinter mir ins Schloss.
Die Tochter sitzt auf Mutters Schoß.
Der Sohn will gleich auf meinem Arm.
Er drückt sich an mich, weich und warm

Ich seh' sie an, ich hab die Kinder mit ihr.
Was hier eingetrübt war so schön mit dir.
die Erinnerung, die jetzt noch bliebe:
eine Melange aus Qual und tiefer Liebe.
Ich liebe sie und werde von ihr geliebt

es ist nur so, das es dich auch noch gibt.
Was ich für dich empfand, war nicht
gelogen.
Nur eine Frau zu lieben ist anerzogen.

So gibt wohl keine Liebe ohne Schmerzen.
Ich wünschte mir nichts mehr als
den Platz für zwei Herzen.

Erfolg

du bist zufrieden
du bist stolz
du zählst täglich dein gold
du kommst von unten
mit dir selbst ,nen schwur
und das alles ohne abitur

was du sagst
das soll entzücken
gekreuzte finger hinterm rücken
du siehst blendend aus
in deinem maßanzug
dein alltäglicher betrug

erfolg hat dich blind gemacht
erfolg wer hätte das gedacht
erfolg wie kann man so arm sein
mit soviel geld
wie kann man dabei sein
und so allein

du siehst weg, wo du was sehen musst
du hörst weg, wo du was hören musst
du sagst nichts, wenn du was sagen musst
man kommt halt vom affen
was gibts da zu gaffen

du fürchtest nur den teufel
und die Innenrevision
erster wohnsitz potemkin
hoher zaun und haustürspion
nur um zu siegen
um alles zu kriegen

schneeweiße zähne
im braungebrannten gesicht
doch du schnallst es nicht
was menschen zerbricht
was sie tag für tag quält
was im leben zählt

erfolg hat dich blind gemacht
erfolg wer hätte das gedacht
erfolg du glaubst, du hast was geschafft
bald hält dir jemand den Spiegel vor
und dann sieh dich vor
dann sieh dich vor!

deine welt in trümmern
du wähnst dich fein raus
du läufst über scherben
und willst dafür applaus
stehst vor gottes gericht
und niemand bürgt für dich

es ist noch nicht klar
wann der groschen fällt
du glaubst tatsächlich dein geld
verändert die welt
da verstehst du was nicht
es verändert nur dich

Gerüchte

Dass dieses Land regiert wird
ein Gerücht
dass bald niemand mehr umherirrt
wir da sind, für jeden der verwirrt
ein Gerücht
dass Gott noch in der Kirche ist
ein Gerücht
dass das der Schluss der Weisheit ist
dass uns die Cyberwelt je vergisst
ein Gerücht

Wahr ist, dass ich jedes Wort verstehe
auch wenn Du gar nichts sagst
Wahr ist, dass ich mich nach Dir sehne
manchmal sogar Tag für Tag
Wahr ist, dass Du ein Teil von mir bist
und nur mit Dir Halbes zum Ganzen wird

Dass der Markt es schon richten wird
ein Gerücht
dass allen Alten genug zum Leben bleibt
dass der Konzern mehr Leuten Arbeit gibt

ein Gerücht
dass das alles noch aufzuhalten ist
dass es genügend Apfelbaumpflanzer gibt
ein Gerücht

Wahr ist, dass ich dich furchtbar begehre
immer wieder und immer fort
wahr ist, dass ich deine Küsse will
am besten viele und an jedem Ort
Wahr ist, dass ich für Dich singen will
bis Du eingeschlafen bist, warm und still.

Mit dem nächsten Flug ins Biohotel
ein Gerücht
der Geländewagen vorm Naturfreundehaus
mit dreihundert PS zum Altglascontainer
ein Gerücht
dass das alles überhaupt was nützt
und das Programm noch aufzuhalten ist
ein Gerücht

Kleiner Fick

Es ist nicht wie Du denkst
es ist nicht, wie es aussieht
nur weil sie sich bei mir auszieht
kein Grund, dass Du gleich ausziehst

Das ist nicht unser Küchentisch
auf dem sie gerade sitzt
das sieht doch nur so aus
Was soll das heißen, du ziehst aus?

Du hast wirklich einen Tick
Das ist doch bloß ein kleiner Fick
nun stell Dich nicht so an
Du bist auch noch dran

Sie wollte nur zeigen, was sie hat
dann schritten wir halt zur Tat
jetzt sag mir mal im Ernst
was das mit dir zu tun hat

Das ist doch nur der schnelle Sex
von Liebe keine Spur
versprochen: sie geht auch gleich
Lieben tu ich Dich nur

Edler Tropfen

Ich stehe hier im Wind
und frage mich
ob es wohl gerinnt
das Blut das sich
soeben neue Wege bahnt
weil es völlig ungeahnt
außerhalb seiner Bahnen
plötzlich neue Wege hat.

So geht nun an diesem Ort
mein tristes Leben fort
ein kleiner Schnitt für mich
und Schluss ist, jämmerlich.

Ich war schon aussortiert
insgesamt eher desorientiert.
habe tagtäglich funktioniert
immer fleißig ignoriert.

Ein Tropfen fällt zu Boden und
bildet einen Fleck relativ rund.
Na bitte, so bleibt eine Spur von mir
Du edler Tropfen, ich danke Dir.

Hinter den Sternen

Du bist da und nicht mehr hier.
Du warst mein Alles, mein Elixier.
Wenn mein Herz mal wieder brennt
schau ich hoch zum Firmament.
Von Stern zu Stern, jeden für sich
Da bist du nicht und ich vermisse dich

Ich hab nicht gewusst
wie es ist, wenn man vermisst.
Ich muss wissen
was hinter den Sternen ist

Hast du mich schon vergessen?
Gibt es da genug zu essen?
Ist euer Himmel tagsüber blau?
Hast Du einen neuen Pfau?
Oder geht's dir so wie mir
das du mich jeden Tag vermisst

Das war nicht abgemacht
das Du jetzt schon nicht mehr bei mir bist
Ich muss wissen
was hinter den Sternen ist.

Ich wollte dich nicht verlier´n.
Seit du weg bist bin ich am frier`n.
Jeden Tag denk ich an dich.
Immer wieder diese weichen Knie.
Du bist irgendwo da oben
in irgendeiner Galaxie.

Keiner hat mich gewarnt
wie das ohne dich ist
ich muss wissen
was hinter den Sternen ist

Machen wir´s kurz: ich bin Realist
ich glaube nicht, das da was ist
doch was von dir hier geblieben ist
spricht jeden Tag zu mir
das das nicht alles ist
das da oben doch was ist

Da muss noch was sein
ein Ort an dem Du jetzt bist
ich muss wissen,
was hinter den Sternen ist

Ein Traum

Ein Traum
Ein Traum
Ein Traum
du liegst neben mir
Haut an Haut
ich bin dein Passagier
bin dir anvertraut
wie du schmeckst
wie du riechst
wenn du neben mir liegst
ein Traum
ein Traum

ein Traum
was du mit mir tust
hab ich nie geträumt
wäre ich nicht hier
ich hätte viel versäumt
du bist gesandt
schön wie ein Diamant
wer immer das war
es sei ihm gedankt
ein Traum
ein Traum
ein Traum
es braucht keinen Raum
es braucht keine Zeit
egal welche Stunde
nur wir zu zweit
du die Frau ich der Mann
ich bin in deinem Bann
Deine Küsse Dein Lachen
nie will ich erwachen
aus meinem Traum
mein Traum
mein Traum
doch wachte ich auf
und glaubte es nicht
du warst mein Licht
warst mein Gedicht

Ein Tropfen Sonnenschein

Ein Tropfen Sonnenschein
fällt auf meine Hand
wie ein kleines Präsent
das ich einfach so fand
das darf ich behalten
wunderschön und warm
voller Gnade von oben
(mir völlig schleierhaft warum)
fand er den Weg
auf meine Hand

War ich gemeint
als der Tropfen
von der Sonne kommend
seines Weges fiel
oder war es Zufall
als er zu Fall kam
der Tropfen Sonnenschein
der nun, wie es scheint
von irgendwem gut gemeint
auf einmal mein

Gibt es noch mehr davon
oder fehlt er jetzt
wo ich mich so freue
an einem anderen Ort
so dass ich bald bereute
ihn behalten zu haben
wo andere betrübt da lagen.
Jeder sei des Glückes Schmied
doch frage ich, was ich getan
das ausgerechnet meine
Hand es war und sonst keine
die der kleine Tropfen
Sonnenschein beehrte.

Wagon für mich allein

Ein Baum ohne Blätter
eine Blume ohne Blüten
ich sollte mich jetzt
und vor Allem behüten

Der Wald ist gerodet
die Felder liegen brach
es scheint so leblos
wie in einem Sarg

Wo ist der Horizont
Wie komme ich dahin
Falle ich da runter
Oder gibt das alles Sinn

Mit letzter Energie
suche ich den Schalter
so schwer zu greifen
wie ein flattender Falter

Ein ganzer Wagon
ganz für mich allein
keiner fährt mit
so muss es wohl sein.

Karte von ganz am Anfang

Am Kühlschrank
klebt die Karte
von ganz am Anfang.
Vorne drauf ein Herz
hinten drauf ein Schwur.
Zeuge der Romanze.
Die Ecken wölben sich
die Farben sind verblasst.
Wie ein Blatt
im Herbst
das nicht mehr
auf den Frühling
hofft.
Kleine Flecken
Tag für Tag abgekriegt
geben dem
vergilbtem Antlitz
ein neues
Aussehen.
Wie ein Infekt.
Kleine Risse an den
Rändern erzählen vom
Niedergang.
Niemand hat sie
abgewischt.
Sie klebt.
Einfach so.

Sieben Schätze

Es liegen sieben Schätze
in Dir verborgen
Du begegnest mir nackt
vollkommen geborgen.

Die Schätze sind wie Bücher
voller beschriebener Seiten
Jede einzelne erzählt
von wunderbaren Zeiten.

Was kommen wird
und was bleiben kann.
Ein Hauch von Zauber
wie eine Schnuppe aus Gold.

Sie umgeben Dich
wie eine zweite Haut
Du funkelst elfengleich
Schöneres war nie.

Es brennt wie Zunder
ein fleischgewordenes Wunder
die Flammen verzehren nicht
sondern wärmen Dich.
Ein offenes Tor
wo vorher keines war
Es reicht zu sein.

Abschied

farblos wie
verwelktes Laub
kraftlos
wie eben solches
am Boden

auf ungeraden
wegen
ab und zu
sonne
immer wieder
regen
spuren im
schnee
sind vergangen
wenn es taut
nichts mehr
zu sehen
zu hören
kein laut

frieden?
wo?
hier?
wohl kaum.

geprügelt
und gejagt
am letzten
strohhalm
genagt

kein text
zum lied
es riecht
nach
abschied

In Flammen

Sie kam an eine Kreuzung
seltsam geführt bog sie ab
ein Gefühl wie frischer Nektar
verschwenderisch gesaugt
aus frühlingsfrischen Blüten
Sie fühlte sich schwebend
unter blauem Himmel
und fühlte die herzhafte Wärme
die sie verlockend umgab
Ein Moment wie aus Zucker
es kommt nicht häufig vor
sie wollte reichhaltig geben
und sich ergeben
Gedanken wie aus Watte
kosmischer Puls
sie wollte ihr Verlangen halten
doch es nahm sie mit
auf einen Ritt
hinaus in eine strahlende Welt.
So stand sie da in Flammen
ohne vom Fleck zu gehen
Sie wollte mit ihm sein
ohne sich umzusehen.

Es reichte ein stiller Blick
zart wie ein Flügelschlag
und sie tauchte ein
in einen warmen Bodennebel
nur im Augenblick verhaftet

Glänzende Augen

Ich bin Dir nah
Du bist mir nah
Du bist ganz an mir dran
und du blickst mich an

Du hast glänzende Augen
schön wie Gesang
Glänzende Augen
die richtig was taugen
sie strahlen mich an

Die kleinen Fältchen
wann immer Du lachst.
Immer wieder unglaublich
was das mit mir macht.

Du machst mir
schönere Augen
strahlend wie Licht
schönere Augen
sie sehen nur mich
ich wehre mich nicht

Ein buntes Minenspiel
Du siehst in mein Gesicht
doch Du blickst mir ins Herz
etwas schöneres gibt es nicht.

Du hast glänzende Augen
schön wie Gesang
Glänzende Augen
die richtig was taugen
sie strahlen mich an

Ventilator

Du hast die Hände in meinem Mund
schiebst die Worte in den Ventilator
sie verlieren ihr Gesicht
So geht das nicht ! So geht das nicht !

Ich bin angeklagt ohne Anwalt
im Schleudersitz ohne Gurt
Habe keine Rechte außer Deiner
die mir in den Magen fährt.

Du sagst, ich solle reden
von Wahrheit und was sonst geschah.
Willst Du wirklich wissen
was ich mit meinen Augen sah ?

Du hast die Hände in meinem Mund
schiebst die Worte in den Ventilator
sie verlieren ihr Gesicht
So geht das nicht ! So geht das nicht !

An Dich gedacht

Nur an Dich gedacht.
Hab mich schick gemacht.
Es hat nichts gebracht.
Du hast abgesagt.
Ich Knecht und du Magd
hast mich, grob gesagt,
mit aller Macht
um den Schlaf gebracht.
Bis kurz nach Mitternacht.
Es mir selbst gemacht.
Doch noch weggesackt.
Wieder aufgewacht.
Und nur an dich gedacht.
Ich hatte den Verdacht
es wär' unangebracht.
Jemand hat mir gesagt
kein Gewinn, wer nicht wagt.
Drum hab' ich nachgefragt.
Und du hast ja gesagt.
Dann wieder abgesagt.
Unsere Heilige Nacht.
Zärtlich zugebracht.
Deinen schlaf bewacht.
Doch du hast abgesagt.
Vor lauter Schmacht
wieder nur an dich gedacht.
Wieder nur an dich gedacht.

Optionen

Optionen
Optionen
um was zu erreichen
braucht es
Optionen

Mal hier
mal da
mal so
mal anders

Mal bei ihr
mal bei der
der Tag wird
kommen

Optionen
Optionen
um was zu erreichen
braucht es
Optionen

mein Ziel
ist klar
der Weg
ungewiss
Hauptsache

Optionen
Optionen
um was zu erreichen

braucht es
Optionen
witternd
am Rande
da sein
wenn es geht

es fehlt nicht viel
dann bin ich am Ziel
ich kann warten
ich kann warten

Horizont

Ich fing an zu laufen
wo ich bisher ging
Ich fing an zu tanzen
wo ich sonst erstarrte

Ich fand meinen Traum
wo bisher nur Wüste war
Ich sah einen Stern
der mir nie aufgefallen war

Ich sprach es aus
wo ich bisher schwieg
Ich ging drauf zu
wo ich sonst Abstand nahm

Ich habe oft gedacht
ich gehöre nicht hier hin

Ich habe manche Nacht verbracht
voller Fragen nach dem Sinn

Und da ist Horizont
hintern Tellerrand
immer nur angerannt
gegen die weiche Wand
noch einmal stand ich auf
noch einmal setzte ich drauf

Warmes Blut in den Adern
wo ich sonst nur funktionierte
Unentdecktes Land
wo ich die Sonne fand

Feuchtes Grass unter den Füßen
wo eben noch der Nebel lag
freie Sicht und verstohlen
schaue ich nach vorn

Ich sah ein lächelndes Gesicht
das zuvor im Dunkeln lag
Leben auf nackter Haut
wo ich mich zuvor gescheut.

Und da ist Horizont
hintern Tellerrand
immer nur angerannt
gegen die weiche Wand
noch einmal stand ich auf
noch einmal setzte ich drauf

Ein Wort

Ich sah ein Wort
es folgte mir
dann flog es fort
an einen unbekannten Ort
kam wieder
fuhr mir in die Glieder
unter die Haut
und wurde laut.

Ich sah ein Wort
es kam auf mich zu
ich sah ein Wort
es ging voraus.

Ein Wort, das schon verstanden
bevor es ausgesprochen

Ein Wort, das mich gesund macht

Ein Wort, das sich anfühlt
wie ein Streicheln am Morgen

Ein Wort
gut abgehangen
und lange gereift
das mich zärtlich streift.

Ich sehe was, was Du nicht siehst
(Für Robert Enke und all die anderen)

Ich sehe was,
was Du nicht siehst
eine Stimme, die nach mir rief
etwas, was in mir Schlittschuh lief

Eine riesig lange Liste
was zu tun und was zu lassen.
Ich wollte sie zerreißen
doch ich bekam sie nicht zu fassen

Verschwommene Konturen
Auf neonbeleuchteten Fluren
Ich hätte schreien wollen
Ich suchte verflucht nach Worten
Geklaut, verloren, verlegt

Lauter Fragen
ich hab nichts zu sagen

Lauter Zuspruch
mitunter wie ein Fluch
Lauter gute Gesten
auch von den Nächsten

Was ich alles kann
sie glauben es zu wissen
Ich kann nicht laut reden
sonst werde ich verpfiffen

Zerrissenes Inneres
mühsam zusammengehalten
Sauber gepflegte Zähne
Strahlen nach draußen

Vielleicht bin ich zwei
wer weiß schon was ich bin
jeden Tag ein Rucksack
tief in mir drin.

Ich brauch Dich hier

Ich sitze so da
und schau vor mich hin
Ich kann nichts mehr sagen
wo ist bloß der Sinn?

Ich brauche Dich hier
Ich brauch Deinen Atem
Ich brauch deine Haut
ich brauch es mal leise
ich brauch es mal laut

Verhangen die Wolken
gemäßigt das Licht
ich hab kaum noch Gedanken
ohne Dich geht das so nicht.

Den ganzen Morgen schon
denke ich drüber nach
Papierflieger bastelnd
wofür so ein seltsamer Tag

Ich brauche Dich hier
Ich brauch Deinen Atem
Ich brauch deine Haut
ich brauch es mal leise
ich brauch es mal laut.

Es ist nur die Hälfte
wenn Du hier nicht bist
und die kleinere dazu
denn die Größere bis Du.

Ich brauche Dich hier
Ich brauch einen Kuss
Ich brauch deine Haut
ich brauch es mal leise
ich brauch es mal laut

Die Müdigkeit

Ich warte, dass mich die Müdigkeit verlässt
Ich träume, ich spränge auf das Podest
Dieses kurze Leben
Dauert doch ganz schön lang
Ich komm nicht mehr hoch
Ich liege einfach lang

Ich warte dass mich die Müdigkeit verlässt
Wo steckt die eigentlich bloß?
Und wo ist der Rest
Von meiner Energie
Wenn man sie mal braucht
Verpisst sie sich auch

Gebückte Haltung
Ist besser als keine
Ich warte geduldig
Bleibe Antworten schuldig
Wo ist diese Kraft
Mit der man alles schafft
Ich dachte die endet nie
Nun vermisse ich sie

Ich warte, dass mich die Müdigkeit verlässt
Ich wollte nur mal was sagen
Nur so ne kleine Idee
Sie fahren grußlos weiter
Lassen mich liegen im Schnee
Das gab mir den Rest

Ich warte, dass mich die Müdigkeit verlässt
Und ich hasse mich dafür
Ich müsste laut schreien
Das Gläser entzweien
Doch ich liege taubstumm
Und unendlich müde herum

Diebe in der Nacht

Ich werde das
Gefühl nicht los
das irgendwas
nicht stimmt
das mir,
ich weiß nicht was,
lautlos und von hinten
die Luft zum
atmen nimmt.

Schleichend
um mich rum
wie Diebe
in der Nacht
unfassbar wie
Leichenduft

Ein Stück,
eine winzig
kleine Ecke
brach und
ich finde sie
nicht mehr wieder

Gute Unterhaltung

Man kann sich mit Dir
so gut unterhalten
zum Beispiel wie man es macht
einen Vorgarten zu gestalten
Du hast wirklich Stil
bewegst Dich irgendwie grazil
Du erzählst, Du warst gerade
erst in Bremerhaven
und ich möchte einfach nur
und sofort mit Dir schlafen

Ich frage, ob die Währung
noch zu retten ist
ob es noch Rente gibt
und ob Gysi ist ein Kommunist.
Das die Umwelt einfach Schaden nimmt
wenn sich jeder wie bisher benimmt
Und das alle die über Banken wachten
versagten und rein gar nichts machten
Und als Du Deinen Kaffee süßst
will ich nur, dass Du mich küßt

Du erzählst von deinen Eltern
vom Onkel und den Tanten
den Lebenden und den Toten
Von den Familienfeiern mit
den unzähligen, netten Anekdoten
Und von der alten Oma und
der Vielzahl an Enkeln
Und ich frage mich,
wie es wohl ist

zwischen deinen Schenkeln
Ich sinniere über das Ganze
die Endlichkeit und den Sprung
von der Schanze
Was es wohl gibt am Tag danach
Ein Paradies oder lauter Schmach
Ich glaube, vielleicht im Wahn,
vor allem auch an Gottes Plan.
Du fragst woher ich das wüsste
und ich denke nur an Deine Brüste

Kalte Asche

Kalte Asche
lauer Wind
Irgendwo mittendrin
schreit mein Kind

Du bist abgebogen
in mein Revier
Du hast dich eingeschrieben
in mein Brevier

Kalte Asche
kann nicht wärmen
es sei denn
du hauchst sie an.
Aus kalter Asche
kann was werden:
bleib an ihr dran
Der Eintritt ist frei
im mein Land der tausend Seen
unendliche Weiten
Du wirst sehn

Der Kokon den ich trug
war von Anfang an gelogen
ich dachte er schützt mich
er hat mich betrogen.

Kalte Asche
kann nicht wärmen
es sei denn
du hauchst sie an.

Aus kalter Asche
kann was werden:
bleib an ihr dran
Ich stehe bei dir ohne Hemd
du reichst mir die Hand
bedeckst mich mit Küssen
ich komm zu dir an Land

Bis zum letzten Atemzug

Keiner warnt vorm Aufprall
der Gurt klemmt, ich komm nicht raus
Plötzlich diese Stille
ist das nur Ruhe oder ist es aus
ist das wirklich nur
menschliches Versagen
gut gemeint nur schlecht gemacht
oder gibt es, wenn man genau hinhört,
irgendwo jemanden der heimlich lacht
Was sind das nur für Seile
Sind wir nur noch Marionetten
oder sind es Stricke für den Hals
versehen mit Strichcodeetiketten
das schmeckt alles irgendwie schal
in der Suppe fehlt das Salz
Die Zunge klebt an den Zähnen
der Gaumen ist voller Sand
ich geh durch strömenden Regen
kein Wasser mehr am Strand
jemand bucht heimlich Zinsen
vom Konto ab, keiner merkt´s

der eine hat dieses Grinsen
der andere spürt den Schmerz
früher hieß es der liebe Gott
hätte die ganze Welt in seiner Hand
man fragt sich: Macht der Pause?
oder haben sie ihn auch schon eingespannt
gab es nicht in jedem Labyrinth
wenigstens einen Notausgang?
gab es ein Abwesenheitsurteil
wenn ja, vermutlich lebenslang
dabei wurde ich nicht einmal gehört
weil der Angeklagte sie nur stört
und das kann ich Euch sagen
ich nenne beim Wort jeden Betrug
so lang es geht, bis zum letzten Atemzug

Keinerlei Kontakt

Keinerlei Kontakt
ich wünsche keinerlei Kontakt
ich wohne mitten in der Stadt
und wünsche keinerlei Kontakt.

die Lage ist vertrackt
ich habe mich davon gemacht
diese Realität
für was die alles steht
Graffitis gegenüber
und Kratzer am Lack
das war ich mir über

Jetzt hab ich
keinerlei Kontakt
bleibt bloß alle draußen
keinerlei Kontakt
mitten in der Stadt

Man kann ja nirgendwo
mehr wohnen und unbescholten
seinen Drittwagen fahren
Immerhin kann ich den Doorman
bezahlen
der ist schwarz und freundlich
und kein bisschen neidisch

was ist aus diesem Land geworden
keiner gönnt dir was
du kannst hier bald besser morden
also ein bisschen Geld zu horten.

Jetzt hab ich
keinerlei Kontakt
bleibt bloß alle draußen
keinerlei Kontakt
mitten in der Stadt

Lichtenstein

Leistung hat sich immer gelohnt
ich hab mich nie geschont
Ich seh´ jetzt meine Welt
durch getönte Scheiben

der nächste Turm zu Babel
entsteht in Lichtenstein
Den zahl ich aus der Portokasse
und dieses mal
kommen wir oben an
am Tor zur Ewigkeit
Anders komme ich nicht rein
in Gottes Wunderland
die Währung, die für alle gilt
ist mir leider Unbekannt.
Ich fahre die Umgehungsstrasse
links liegt Canossa
ohne mich, ich halt nicht an
Ich arbeite hart
ich arbeite lange
vor der Ernte kommt die Saat
mir wird bange
Ich stehe über den Dingen
Ich stehe abseits von den Menschen
Ich bin der neue Sonnenkönig
Ich habe Sex mit Socken
ich reib mich ein mit Sonnenblumenöl
wer Linie fliegt ist ein arme Schwein
Ich zahle mit schwarzen Karten
was schert mich der Kindergarten
Voll von Schmuddelkindern
die ohnehin nur kosten
sie werden unsre Welt nie sehn
sie werden einfach untergeh´n
Die Unterschicht braucht Führung
da bin ich deren Fügung
ich kaufe mir auch schwarze Roben
und hör mir an wie sie toben

Der Pöbel nie mir dankbar ist
sie haben keine Ahnung
unter mir ein großer Haufen Mist
doch sie verdoppeln die Entlohnung
Wann ist der Mond
endlich bewohnt
für meine neue Welt
bezahlt mit unserem Geld

Flügeltor

      Wie dem auch sei.
      es kommt mir so vor
      als öffnete sich in Deiner Nähe
      ein weites Flügeltor

Dahinter strahlt die Sonne gülden
wir sehen den Delphinentanz
Ich will nicht nur ein bisschen
ich will dir gehören ganz.

Zahl mir nur den Mindestlohn
alles andere find´ ich schon
Du kannst mich ruhig belasten
ich werde für Dich fasten

      Wie dem auch sei.
      es kommt mir so vor
      als öffnete sich in Deiner Nähe
      ein weites Flügeltor

Sag mir wohin
und ich werde jede Reise buchen
Sag mir wo
und ich werde nach Dir suchen.

Auf das Du mir nicht verloren gehst
auf das Du immer bei mir stehst
Sag mir ein Wort
und ich komme mit fort.

Ich frage nicht woher das kommt
ich will es auch nicht wissen
viel lieber will ich belagert sein
von tausenden von Küssen.

Wie dem auch sei.
es kommt mir so vor
als öffnete sich in Deiner Nähe
ein weites Flügeltor

Manchmal

manchmal ist mir
als ob du neben mir gehst
dein duft in der luft
als ob du neben mir stehst
deine wärme die mich durchfließt
dein blick der auf mir liegt
du genierst dich meiner nicht
meine verteidigung vor gericht

manchmal ist mir
als ob du neben mir liegst
du deinen körper
an den meinen schmiegst
ein letzter blick, leicht verstohlen
nichts und niemand kommt uns holen
momente von gott geschenkt
was im weg steht, wird versenkt

manchmal ist mir
als seist du völlig nah
als wäre nie geschehen
was doch geschah
das du dein wort
an mich richtest
jede sorge einzeln vernichtest
du meine wunden verbindest

so ist es wie nach jedem traum
ich wache auf
und du erfüllst den raum
du bittest zum Tanz
voll gloria und glanz
was mich vor allem bewegt
ist, ob es dir genauso geht.

Mann mit 50

Ich würde gern geboren werden
in dieser Stadt.
Der Sättigungsgrad des ersten Lebens
ist jedenfalls längst überschritten.
Ich wollte zum Horizont schwimmen
wo die Sonne rot wird.
Doch die See hatte kein Ufer
und so schwimme ich lieber gleich im
Kreis.
Da kann man wenigstens nicht anecken.
Ich aß den Obstsalat garniert mit Adams
Apfel,
gerne würde ich mein Konto überziehen
doch es gibt keinen Kredit
Nur Rechnungen.
Ohne Gutschrift.
Noch nicht mal Skonto.
Körperspiele funktionieren
wie graues Lego.
Einfallslose Steckverbindungen.
Mechanisch.
Kühl.
Keine Kunstwerke.
Kein bleibender Wert.
Ein Baby schreit nach dem Busen der
Mutter.
Ich dreh mich nicht um
weil ich längst vergessen habe
wo vorne und hinten ist.

Nie genug

ich gehe die straße lang
kein grün an den bäumen
herbstlich graue wolken
ich denke an dich
und frage mich warum

es war
nie genug
für dich war es
nie genug

ein bitteres investment
das rabattmarkenheft ist voll
du bist meine ganz
private krise
und ich frage mich warum

ich weiß nicht
ob die sonne lacht
oder mich verbrennt
gab es einen beweis
und wenn ja wofür
es brannte mal feuer
tief unter meiner haut

doch es war
nie genug
für dich war es

Nur mit Dir

Wenn es was
zu sagen gibt
was sonst keiner
zu hören braucht

wenn es was
zu leben gibt
wo man so
richtig eintaucht

Dann nur mit Dir
Erst Ich und Du
dann wir

wenn es was
zu lieben gibt
was einem

die Sinne raubt

wenn es was
zu sehen gibt
was durch die
Gedanken fliegt

Dann nur mit Dir
Erst Ich und Du
dann wir

Bleib ruhig
kurz steh´n
einmal um uns
selber dreh´n
um das alles
zu versteh´n

Das geht
nur mit Dir
Erst Ich und Du
dann wir.

reichtum

mein ganzer
reichtum
sind deine
kleinen
schweißperlen
auf der

haut
vom
sonnenlicht
beschienen
funkeln sie
wie blattgoldene
taler
lustvoll
eingezahlt.
jeder einzelne
erzählt
welche
wonne
welch
vergnügen
für uns
aufbewahrt sind

und wäre
ich ein
armer
knopf
so bin ich
doch
der reichsten
einer.

Ruf mich bitte nicht mehr an

Ich flog mit Dir nach Mallorca
und das meiner Flugangst zum Trotz
ich hab Dir Tomaten gegrillt
draußen im Winter bei Frost
Wir waren joggen um sechs
weil Du das so wolltest
wir hatten heimlich Kaufhaus Sex
nur weil Du den Kick mochtest
Du warst meiner Tage Dieb
wir haben uns sehr geliebt
Es war lange so viel drin
wo sind all die Tage hin?

Ruf mich bitte nicht mehr an
Ruf mich bitte nicht mehr an
ich fühl mich furchtbar betrogen
Du hast mir den Stecker gezogen
Ruf bitte nicht mehr an

Das war doch unsere Geschichte
alles klar für unser Happy End
ich schrieb für Dich Gedichte
jede Zeile ein Liebesargument.

Das kann doch nicht wahr sein
das nun alles aus ist
hatte gedacht, es ist reiner Wein im Glas
unser Ding, dem Löwen zum Fraß

Ruf mich bitte nicht mehr an
Ruf mich bitte nicht mehr an

es könnte sein, das ich drangeh'
dann tut es bestimmt dreifach weh
Ruf mich bitte nicht mehr an

Ich hab gedacht, ich kenn' Dich
doch dieser Schmerz brennt sich
tiefer rein, als je einer zuvor
wir waren doch so kurz davor

Ruf mich bitte nicht mehr an
Ruf mich bitte nicht mehr an
es könnte sein, das ich drangeh'
dann tut es bestimmt dreifach weh
Ruf mich bitte nicht mehr an

Es geht mir gut

sag ihr einfach
es geht mir gut
ich bin am Leben
und das sich was tut

auch wenn die Tage dünner
und manchmal sinnlos sind
mir etwas Wärme fehlt
so für mich im kalten Wind
obwohl mancher Schatten
auf mir ruht
sag ihr einfach
es geht mir gut

meine stillen Tränen
bitte nicht erwähnen
sonst macht sie sich noch Sorgen
dabei gibt es eh kein Morgen
ich bin achtsam
und täglich auf der Hut
sag ihr einfach
es geht mir gut

ich trink auch keinen Kaffee mehr
renne täglich durch den Wald
mein morgendliches Spiegelbild
ist trotzdem ziemlich alt
ich will nicht klagen
keine Zeit für Übermut
sag ihr einfach
es geht mir gut

sag ihr einfach
es geht mir gut
ich bin am Leben
und das sich was tut

Sand in der Uhr

Es ist noch
Sand in der Uhr
sieh genau hin
Körnchen um Körnchen
es macht noch mal Sinn

Du bekamst die Rechnung
und wusstest nicht wofür
Sie war vom Himmel gefallen
und lag vor der Tür
Verschwunden aus dem Straßenbild
keine Spuren im Asphalt
die erste Halbzeit abgepfiffen
Du wurdest gelangweilt alt

Es ist noch
Sand in der Uhr
sieh genau hin
Körnchen um Körnchen
ein kleines Geschenk

Komm raus aus dem Bau
glänze wie ein Pfau
heb Dein Shirt, push Dich up
beantrage Asyl
beim kunterbunten Lebensgefühl

Es ist noch
Sand in der Uhr
sieh genau hin
Körnchen um Körnchen
gefüllte Pralines

schall des horns

farblos wie
verwelktes Laub

kraftlos
wie eben solches
am Boden

auf ungeraden
wegen
ab und zu
sonne
immer wieder
regen

spuren im
schnee
sind vergangen
wenn es taut
nichts mehr
zu sehen
zu hören
kein laut
frieden?
wo?
hier?
wohl kaum.

geprügelt
und gejagt
am letzten
strohhalm
genagt

kein text
zum lied
es riecht

nach
abschied

ein schritt
noch wie
in schweren
Ketten
und zum schall
des horns
ist die jagd
dann aus.

Scherbenherz

Du hattest sie reingelassen
die Türen aufgemacht
sie wußten es nicht zu schätzen
und haben nur gelacht

Du sagtest: geht doch
und sie blieben
sie haben es nach Strich und Faden
übertrieben

Heute, hier und jetzt
kleb ich dein Scherbenherz zusammen
und mache eine rote Schleife drum

Du wolltest es gern richtig machen.
Dein Rollladen ist verschlossen
das Schneckenhaus vermient

du hast dich regelrecht verkrochen

Heute, hier und jetzt
kleb ich dein Scherbenherz zusammen
und mache eine rote Schleife drum

Es gibt einen, der kann warten
auf Deinen Zieleinlauf
verspricht Dir keinen Rosengarten
und nimmt gerne was in Kauf.

Sex von hinten

Du musst mich
nicht meinen
sei einfach nur willig
ich knie mich hin
was recht ist, ist billig.

Sex von hinten
so kann es geh´n
Sex von hinten
ich muss dich nicht sehn
gefühllos und hart
nichts, was bleibt
nichts, was zählt.
Sex von hinten
von der gröberen Art.

Leg Dich auf den Bauch
Du willst es doch auch

Ich mach auch ganz schnell
nicht besonders originell
wir sind eben hier
kein anderer da
ich zieh auch eins drüber
damit auch nichts bleibt
von mir und dem Eifer
der jetzt gerade treibt

Sex von hinten
ohne Konversation
Sex von hinten
ideal in dieser Situation
ich bin gekommen
um zu kommen
und nicht um zu bleiben
OK du willst dann nur
Sex von hinten
nach ein paar Bieren
auf allen Vieren

Sieben Schätze

Es liegen sieben Schätze
in Dir verborgen
Du begegnest mir nackt
vollkommen geborgen.

Die Schätze sind wie Bücher
voller beschriebener Seiten
Jede einzelne erzählt

von wunderbaren Zeiten.

Was kommen wird
und was bleiben kann.
Ein Hauch von Zauber
wie eine Schnuppe aus Gold.
Sie umgeben Dich
wie eine zweite Haut
Du funkelst elfengleich
Schöneres war nie.

Es brennt wie Zunder
ein fleischgewordenes Wunder
die Flammen verzehren nicht
sondern wärmen Dich.
Ein offenes Tor
wo vorher keines war
Es reicht zu sein.

Nähe in der Distanz

So eine Nähe
Inmitten der Distanz
Wir sind vollkommen eins
Und doch nicht ganz
Nur Fleisch
Nur Sinne
Keine Nebengeräusche
Heute fehlt nichts
kein Hindernis
Keine Barrieren

Der bloße Akt
Einfach nackt
Nicht leer
Und doch ohne Fülle
Das ist alles
Alles was wir brauchen
Kein Hindernis
Barrierefreies Gescheh'n
Und jeder kann gehn
Jederzeit gehn
Weil jeder ein Zuhause hat

Sommer in Berlin

Reine Zauberei in jedem Blick
wie ein riesengroßes Stück vom Glück
Barfuß bis zu den Knien
das alles vom Herrngott nur gelieh'n
im Sommer in Berlin

Ein Kuss den niemand je so schön erdacht
so einer, der unbesiegbar macht
mit zuckersüßem Nachgeschmack
schnörkellos und besser als alle Therapien
dieser Sommer in Berlin

Wir sah'n den Mond seine Wege zieh'n
und konnten es tief in uns'ren Augen seh'n
bereit uns alles zu gesteh'n
gemeinsam aus dieser Welt zu flieh'n
im Sommer in Berlin

Ein Anfang der das Lied vom Ende singt
dieser Moment, von dem an es bitter klingt
wir waren uns näher als das eigne Herz
und hätten uns das nie verzieh 'n
gäb's nicht diesen Sommer in Berlin

Sonnenuntergang

Du liegst auf mir
Du liegst auf mir
Du liegst auf mir
wie eine Grabsteinplatte
wozu auch atmen?
Du achtest auf mich
Du achtest auf mich
Du achtest auf mich
wie ein Grenzsoldat
mit Schießbefehl

Du sprichst zu mir
Du sprichst zu mir
Du sprichst zu mir
wie der Wärter
zum Inhaftierten

Die Sonne geht unter
und zieht uns mit runter
eigentlich wollte ich siegen
und mit dir fliegen

Du liebst mich
Du liebst mich
Du liebst mich
wie Fußpilz
zwischen den Zehen

Du hörst mir zu
Du hörst mir zu
Du hörst mir zu

wie der Zeitansage
(die es gar nicht mehr gibt)

Die Sonne geht unter
und zieht uns mit runter
eigentlich wollte ich siegen
und mit dir fliegen
Du nimmst mich wahr
Du nimmst mich wahr
Du nimmst mich wahr
wie unerwünschte
Werbepost im Briefkasten

Das Innere der Feige

Spür meine Hand
bis an den Rand
dessen was du erträgst
bevor du erwägst
das sie dich nimmt
den Berg erklimmt
zur Aussicht
über den Horizont

bin ich zu nah
bist du schon weit weg
in deiner eigenen Welt
da wo du bist
ganz unverstellt
unverschlüsseltes Gefühl
tiefste Höhen

und höchste Tiefen
Wenn du ankommst
wohin du gehst
wenn du alles siehst
worauf du wartest
die Suche nach Leben
willst du nie aufgeben
die ganze Klaviatur
Funktionen abgestellt
Es gab einen Moment
da ging es nicht mehr weiter
fahles Sonnenlicht
kurz vor dem Scheitern
mittags kocht die Suppe
immer wieder Fehlfunktion
endlich umschlungen
das Innere der Feige

Spür den Nebel
die kleinen Tropfen
auf deiner Haut
Schritt über die Schwelle.

Sediment

Still, langsam und ungehemmt
sickert es ins Sediment
Meine Haut ist irreparabel
Semipermeabel
bis es brennt
demnächst im Sediment

kein Festzins keine Garantie
jetzt oder nie
stunden wie Minuten
sich Ineinander verzweigen
bis die Sterne steigen
ungeahnter Höhenflug
unerreichter Funkenflug
tief im Fundament
wo die kleine Flamme brennt
und nach Nahrung bettelt
ein Knistern im Unterholz
ein Lodern an den Rändern
übersehende Blumen
rechts und links am Rand

tausende von engeln

ich sah tausende von frauen
mit großen und mit kleinen brüsten
sie zogen an mir vorüber
ich fragte mich, wen sie wohl küssten

ich sah tausende von männern
in schwarzen und in bunten
vor allem wallenden gewändern
es hob sich nur ihr zeigefinger

ich sah tausende von rätseln
gefangen zwischen grazilen stelzen
worin der sinn bestünde
hohe höhen oder tiefe abgründe

ich sah, dass ich tagtäglich träumte
das alles in mir überschäumte
ich wusste nicht wohin damit
eisgekühlt oder heißer dynamit

ich sah tausende von engeln
die haben alle laut gelacht
ich fragte mich, ob sie verstünden
was der mensch so daraus macht
ich sah tausende von menschen
die spielten an und mit sich
sie tanzten, eher rhytmisch
und krümmten sich gelegentlich

ich sah tausende von himmeln
voll mit gottes ebenbild
sie verstanden meine leiden
doch da war es zu spät

Tisch Nummer Vier

Freitag viertel vor drei
ich stehe auf dem Gehsteig
vor dem Fenster dieses Lokals
unser Tisch ist frei.

Tisch Nummer vier
gleich neben dem Klavier
hier buchstabierte ich Deinen Namen
lange bevor die Kinder kamen
Ein leichter Regen setzt ein

und deswegen gehe ich rein
setze mich an unseren Tisch
und augenblicklich vermiss ich Dich

Ich liebte Deine Augen
wenn sich unsere Blicke trafen
Blicke wie ein Band
wir gingen Hand in Hand.
Und schon seh´ ich Dich vor mir
die Luftaufnahme fällt mir schwer
so wie Du mir den Atem nahmst
wenn Du aus der Dusche kamst
Ich fand auch Dein Grübchen süß
und den kleinen Fleck unterm Auge
der Geruch Deiner Haut
hat mir den Verstand geraubt.

Dann waren da lauter Scherben
das gebrochene Fundament
wir dachten, es würde ewig tragen.
Erloschene Sterne am Firmament
Vormals war so manches Wort
dann schickten wir uns fort.
Das selbstgebaute Paradies
waren wir wirklich dort?

Ich höre lauter Balladen
voll von all den Stimmungslagen
die ich so hab in diesen Tagen
ich kann das nicht ertragen.
Freunde sagen, Zeit heilt alle Wunden
was für eine Scheiß-Parole
ich weiß nicht ob ich mich jemals

von diesem Schock erhole.

Neulich fand ich einen Knopf
es war einer von Deinen
Ich kenne alle deine Knöpfe
Daran gedacht, könnte ich schreien.

An diesem Tisch sitzen wir nicht mehr
schon gar nicht zusammen
tiefste Wasser zwischen uns
und nichts zum drüberspannen.

Treue Männer

Treue Männer
sind im Büro gebunden
und aus wichtigen Gründen
machen sie immer Überstunden
fahren samstags zu IKEA
mäh´n den Rasen
und geben sich integer

Treue Männer
vergeben einen extra Klingelton
möglichst polyphon
für wen genau? Man ahnt es schon.
Zuhause tragen sie Pantoffeln
an der Bar das Hemd ganz gerne offen
mit ganz neuer Motivation
vollzieht sich eine Mutation.
Sie zahlen die Hotels immer bar

und bloß keinen Beleg in der Bar
diese Investition ist privat
der Ring hat einige Karat.

Treue Männer
kein Einzelgesprächsnachweis
alles hat nun mal seinen Preis
sowieso schon ziemlich dünnes Eis.
denn treue Männer
haben große Lust
auf eine große Brust
und fürchten kein´ Verlust.

Treue Männer
bleiben gern mal abends bei den Kindern
damit die Frau auch mal raus kann
und wenn die Kinder erstmal schlafen
fangen sie im Netz an zu surfen
und sorgen so für Kurzweil
denn www.sexistgeil!

Treue Männer
lieben ihre erwartungsvolle Frau
die immer nur gestreichelt werden will
und die sich rechtzeitig zur Seite dreht
bevor es richtig zur Sache geht.
Darum schließen sie in ihr Nachtgebet
die Frau ein, die jeden Abend
an der Straße steht

Treue Männer
halten sich für schlau
und wissen ganz genau
das es ein Ende haben wird
dieser und auch der nächste Flirt

Neu geboren

Und es fühlte sich an
wie ein neuer Morgen
getaucht in warmes Licht
so furchtbar frisch
bar aller Sorgen
Ich wachte auf
aus aufregender Nacht
und doch
der erholsamste Schlaf
seit Wochen
Alles ruhig
draußen etwas Wind
hier deines Herzens Pochen
nie war es so
nie wird es so sein
was war: vergessen
was sein wird: ignoriert
Eine Welle aus Basorexie
wie für uns inszeniert.
Du nanntest mich beim Namen
Du nahmst mich zur Brust
ein Gefühl so robust
überdeckend die Angst vorm Verlust

Und deine Augen
entlockten mir jedes Geständnis
in jedem Blick
Deine stille Zärtlichkeit
Ich versuche schon
seit Angedenken
diesem Gedenken
ein Denkmal aus Worten
zu schenken.
Diesem Glück
Hand in Hand
Ein Menetekel an der Wand
Ich werde es vermissen
dich zu fühlen
dich zu lieben
dich zu küssen

Ich würde mich gern häuten
vorher gewesenes abzustreifen
um zu dir zu kommen
nackt, wie frisch geboren

Unerhört

Unerhört
was Du so denkst
Unerhört
wie Du Dich verrenkst
Unerhört
was des Nachts so vor sich geht
Unerhört

wonach sich jede Faser sehnt
Unerhört
das offene Meer
Unerhört
wie kannst Du nur
Unerhört
was soll die Kinder denken
Unerhört
wenn Körper sich verrenken
Unerhört
wonach Du Dich sehnst
Unerhört
was Du niemals erwähnt
Unerhört
was andere anekelt
Unerhört
was sich in den Kissen rekelt
Unerhört
was sich nicht gehört
Unerhört
egal, was den Nachbarn stört.
Unerhört
wenn Du es selber machst
Unerhört
wie der Teufel leise lacht
Unerhört
was seine Frau wohl denkt
Unerhört
wie sich die Schamgrenze senkt
Die Wünsche unerhört
Das Leben unerhört
Der Wahnsinn unerhört
was sich gehört

Was noch?

Versteht mich hier keiner?
Als Leisetreter?
Als Hoffnungsträger?
(Was noch?)

Versteht mich denn keiner?
Als Querulant?
Als Diskutant?
(Was noch?)
Kein Horizont
Kein Abendrot
wo Du jetzt bist
bin ich schon tot.

So kurz über Nacht
den Einspruch vorgebracht
der Prozess wurde fortgeführt
ich fühle mich wie abgeführt.
Versteht mich hier keiner?
Als Demonstrant?
Als Ignorant?

Von allen Seiten

Nichts ohne Grund
selbst der letzte Schund
nicht ohne Grund
erst recht keine Lüge
ohne Grund
man liegt sich wund
einfach so und
ohne Grund

Das Licht ist aus
keine Hand vor Augen
Bewegte Stimmen
doch die Worte
verneigen sich nicht
vor der Wahrheit Licht.
Sie haben sich verirrt
im Schattenlabyrinth
Jeden Schrei
vertreibt der Wind
in kleinen Rinnsalen
fließt das Blut.
Ein Meer unbändiger Wut.
Kopf runter!
Es wird geschossen!
Lacht da einer?
Ins verwegene Fäustchen
kalter Regen im Gesicht
wie mit kleinen Peitschen
Sand rieselt in die Schuhe
Irgendwo knallt der Korken
sie trinken auf ihr Morgen

man hört es leise
am Rande des Ertragbaren

Nicht ohne Grund
einer zahlt ein
Nicht ohne Grund
einer hebt ab
so wird die Luft
zum atmen knapp
ohne Grund

Ein strich durch die Rechnung
lauter offene Deckel
Du kannst nichts dafür
es regt sich der Ekel
es kriecht
wie nasse Kälte
die ganze Angst
als Führungsprinzip
das ist schon ganz andern
eingefallen und hat sich
noch immer bewährt
ihr schmeisst mit Angst
ihr werft mit Feuer
es wird euch nicht gelingen
das wird teuer.

Vielleicht

Vielleicht ein anderes Wetter
vielleicht nur eine Laune
vielleicht ein Kampf
(gegen was ist die Frage)

Ein Duft in der Nase
ein kleiner Schweiß
auf der Haut
wie warmes Duschen
wer kennt sich da aus

Vielleicht nur ein Ausflug
Vielleicht ein bisschen Angst
Vielleicht eine Macht
die einfach macht und lacht

Vielleicht ein Missverständnis
Vielleicht nur ein Wunsch
Vielleicht noch mal
bevor es zu spät ist

Ein Duft in der Nase
ein kleiner Schweiß
auf der Haut
wie warmes Duschen
wer kennt sich da aus

Vielleicht nur ein Regentropfen
Vielleicht nur ein Rausch
Vielleicht weil es nach
Unvernunft riecht

Was dachtest Du

Was dachtest Du
wenn Du mich sahst

Was dachtest Du
wenn von Liebe die Rede war

Was dachtest Du
wenn ich mich hingab

Was dachtest Du
wenn ich Dir nahe war

Du warst ein Geheimnis
ich kam nicht drauf
Was dachtest Du
Was dachtest Du

Was dachtest Du
wenn ich mit Dir sprach

Was dachtest Du
wenn ich nach Hilfe rief
Was dachtest Du
wenn ich mit Dir schlief

Was dachtest Du
in meiner Nähe

Hast Du an mich gedacht
in all den Stunden
Was dachtest Du

Was dachtest Du
Was dachtest Du
am nächsten Tag

Was dachtest Du
wenn ich bei Dir lag

Was dachtest Du
Was dachtest Du

Was wäre wenn

Was wäre wenn
ich hätte den Mut gehabt
und hätte dich gefragt
was wäre wenn
du hättest ja gesagt
du wärst das Stück
das alles vollkommen macht
wo du wärst
da wäre ich zuhaus
ich komme nur leidlich
auch ohne dich aus
denk ich an dich
bin ich hin und weg
ich suche seitdem
nach Sinn und Zweck

Was wäre wenn
ich hätte den Mut gehabt
und hätte dich gefragt

was wäre wenn
du hättest ja gesagt
ich wäre von dir beseelt
ich fühlte mich wie auserwählt
du machtest mich reich
auch ohne Geld
wenn ich nicht weiter weiß
erklärtest du mir die Welt
mir fehlten damals Worte,
Kraft und reichlich Mut
ich vermisse dich
und hoffe, es geht dir gut
Was wäre wenn
ich hätte den Mut gehabt
und hätte dich gefragt
was wäre wenn
du hättest ja gesagt

du erfrischtest mich wie Morgentau
brächtest Farbe in mein Alltagsgrau
ich wäre froh, das es dich gibt
ich wäre froh, das du mich liebst.
Was wäre wenn...

Wenn die Alten gehen
(Im Gedenken an Udo Jürgens)

Wenn die Alten gehen
Müssen wir selber Worte finden
Gegen Starrsinn, Angst und Eitelkeit
Unsere Lichter müssen wir entzünden
Das sie leuchten für die Freiheit
Gleichheit und für Brüderlichkeit

Wir müssen Melodien suchen
Die den Weg zum Herzen finden
Voller Kraft als Träger von Poesie

Wir müssen denen eine Stimme geben
Die für was weiß ich gemartert werden.
Die ein Leben führen in Hilflosigkeit

Wir müssen uns erheben
weil es sonst womöglich keiner tut
für Liebe, Toleranz und Menschlichkeit

Wir müssen Lieder singen gegen die
die auf dem Rücken der Schwachen
meinen, etwas Besseres zu sein.
Wenn die Alten gehen
Müssen wir die Kerzen halten
Ihnen zu Ehren und aus Dankbarkeit.

Wenn die Alten gehen
ist er unser, der Staffelstab
ist es das Ende uns`rer Kindheit.

Vier Quadratmeter Bühne

Weil sie nicht fragt
Weil sie tut,
Was ich ihr sag
Weil sie erfüllt
bevor es gesagt

Sie hat ihre eigene Bühne
Ihr kleines Theater
Sie sagt nicht, was sie denkt
Sie ist gefühlvoll
Doch was sie fühlt,
zeigt sie nicht
Ich bin ihr Publikum
Sie lächelt nur
Und ist gut zu mir

Ich kann alles kriegen
und muss nicht mal lieben
Sie ist die Liebesdienerin
Sie macht´s
wie ich will
sie macht´s
wo immer ich will
wo gibts das denn sonst
und sowieso ist
gar nichts umsonst

Sie hat ihre eigene Bühne
Ganze zwei mal zwei Meter
mal ganz in Seide
oder partiell in Leder

Gute Nacht Lied

Wenn Du nicht schlafen kannst
Denkst Du vielleicht an mich
Ich bin der der Wache hält
Und behüte Dich

Wenn Du die Wärme spürst
Dann ist das meine Hand
Ich blättere die Seiten um
Bin dir sanft zugewandt

Mein Blick auf Dir ruht
Ich Dein Leibgardist
Wie gut dir das tut
So in den Schlaf geküsst

Dein Kopf im Kissen
Randvoll mit Träumen
Ich bin da, sollst Du wissen
Nicht einen wirst Du versäumen

Wild und unersättlich

Sei wild und unersättlich
es ist nicht genug
Sei wild und unersättlich
Du bist doch so klug
Weicher Wind auf nackter Haut
schrei es raus, schrei es laut!

Aufsteigende Folgen
in verschiedenen Farben
Du konntest viel singen
übersprangst manchen Graben
Was aussieht wie eine
nackte Zahl
verbirgt in sich viel Lust
und manche Qual
Herr Ober, dasselbe noch mal

ich habe erst die Hälfte
manchmal ist es gut
im Nebel zu steh´n
manchmal ist es gut
nicht allzu genau
hinzu seh´n
Bauch rein, Brust raus
der Hunger nach Applaus
wiederkehrend Sehnsucht
zu früh fürs Nebengleis

Sei wild und unersättlich
es ist nicht genug
Sei wild und unersättlich

Du bist doch so klug
Weicher Wind auf nackter Haut
schrei es raus, schrei es laut!

Die letzte Strophe

Ich hinterlasse Euch mein Herz
zerrissen von all dem Schmerz
es ist nicht ganz gewesen
es ist nie ganz genesen

Bewahrt es auf so gut ihr könnt
mir war es nicht vergönnt
es zu teilen und dann reich zu werden
ich hatte lauter Schluckbeschwerden

Ihr werdet mich verfluchen
nach all den Gründen suchen
Ihr werdet mich niemals versteh´n
ich wollte jetzt alleine geh´n.

Seit vielen Jahren suchte ich den Weg
ging vorbei an all den Weichen
keiner der sie richtig stellte
keine Zeche, die ich nicht prellte

Jetzt sehn ich mich nach Licht
ich steh jetzt vor den Toren
hier ging es weiter nicht
hier war ich nur verloren.
Schöne warm soll es werden

meine Seele kann jetzt ruhn
das war nichts hier auf Erden
ich kann hier nichts mehr tun.

Ihr werdet mich verfluchen
nach all den Gründen suchen
Ihr werden mich niemals versteh´n
ich wollte jetzt alleine geh´n.

Groß gestartet, tief gefallen
der Vogelflug war meiner nicht.
Ein Strichcode in Gottes Erdenplan
ohne Rendite auf lange Sicht.

Ratlos

Woher soll ich wissen
wohin die Wolken ziehen
wie demnächst die Sterne stehen

Woher soll ich wissen
was zu tun ist, was zu lassen
wann zu lieben, wann zu hassen
Woher soll ich wissen
wo die Wahrheit liegt
was echt ist und was Kopie

Woher soll ich wissen
von wo die Sonne scheint
wann getrennt ist, wann mit mir vereint

Woher soll ich wissen
wo der Freund ist, wo der Feind
wo die Schlacht ist, wo der Sieg

Woher soll ich wissen
ob hier was zu gewinnen
möglich ist mit meinen Sinnen

Woher soll ich wissen
wann werde ich verraten
wann bin ich gut beraten

Gesicherte Erkenntnisse

Gesicherte Erkenntnisse
es gibt so wenig
gesicherte Erkenntnisse
und unsere Angst
spielt uns einen Streich
das wissen sie
das macht sie reich

Man möchte den ganzen Tag
Konsequent lüften
Um Frischluft zu tanken
Vielleicht kommt man so
auf frische Gedanken
Wir denken nach
Über Fahrradhelme
um Köpfe zu schützen

Doch keine Strafen
Für die wahren Schelme
Sie schicken Waffen
In wirklich alle Welt
Und es gibt Schampus
Wenn eine ihrer Bomben fällt

Gesicherte Erkenntnisse
es gibt so wenig
gesicherte Erkenntnisse
und unsere Angst
spielt uns einen Streich
das wissen sie
das macht sie reich

Zu selten

Ich hab dir viel zu selten gesagt
wie wichtig du für mich bist
das hol ich ab sofort nach
von nun an Tag für Tag
Noch mal ein Rendezvous
So wie damals
Nur ich und du
wenn nichts wichtiger ist
Als das du bei mir bist
Dieses Feuer, diese Lust
wenn man nicht mehr schlafen muss
Alles stehn und liegen lassen
Nur keine Sekunde verpassen.
Ich sag dir das viel zu selten
Es gibt wenige Dinge, die echt was gelten
Und das größte unter all denen
Das muss ich einfach erwähnen
Das bist nun mal du.
Das bist nun mal du.

Morgen

Morgen wird es besser sein
lass Dich ruhig auf die Zukunft ein
Morgen wirst Du Dich fragen
wie konnte es jemals anders sein.

Du lässt nie wieder diesen Geist hinein
Der Dir stiehlt, was eigentlich Dein
Die Hausierer jagst Du fort
Deine Wünsche sind Dein Hort.

Dreh Dich nicht um
Du gehst durchs Salzsäulenfeld
Der Rückblick ist schief und krumm
Was vor Dir liegt ist bestelltes Feld.

Morgen wird's auch Schatten geben
Doch damit kannst Du leben.
Er kommt von einem neuen Licht
das besser auszuhalten ist.

Die gute Fee hat noch Wünsche frei
Du bist nicht an der Endstation
mancher Tunnel noch kommen wird.
Am Ende doch Dein Leben siegt.

Aus gutem Grund

Da wo Du stehst
fängt alles an zu leuchten
Du könntest Bücher rückwärts lesen
Sie ergäben trotzdem einen Sinn
selbst nach ungelenkem Sturz
Bei Dir ist sanfter Neubeginn
Ich war hirnverbrannt
ein streunender Vagabund

Du gibst mir Kraft
machst mich gesund
Ich bin bei dir
aus guten Grund

Wenn ich am Boden liege
So richtig angezählt
Und sollte es Tränen geben
Oder wenn ein Schmerz mich quält
Steh ich scheinbar davor
zwischen Pest und Cholera zu wählen
Du wischt alles weg
Auf Dich kann ich zählen

Du bist alles
Was ich bisher vermisste
In meinem ganzen Leben
Bist du der größte Fund
Ich bin bei Dir
aus gutem Grund

Du kommst über mich
Wie eine Naturgewalt
Wie der erste Sonnenstrahl
Nach langer Regenzeit
Du bist das Versprechen
das Liebe dem Wahnsinn Kontra gibt

Du bist meine Ruhe
Du bist mein Glanz
es gibt fast nichts was du nicht kannst
Wo Du bist ist´s hell und bunt
Ich bin bei Dir
aus gutem Grund